Theo von Taane

Die Macht ist stark in dir!

- Das Passwortbuch -

Dieses Buch gehört	
Name, Vorname:	
Strasse / Nr.:	
PLZ / Ort:	
Tele / Handy:	
eMail.:	
Bemerkung.:	

AF169841

Dieses Buch ist kein offizielles Star Wars Buch und von den Machern von Star Wars weder genehmigt, noch unterstützt.

Bibliografische Information der Deutschen Nationalbibliothek:
Die Deutsche Nationalbibliothek verzeichnet diese Publikation in der Deutschen Nationalbibliografie; detaillierte bibliografische Daten sind im Internet über http://dnb.dnb.de abrufbar.

© 2016 Theo von Taane; 2. Auflage

Covergrafik, Texte und Illustrationen: **Theo von Taane**

Herstellung und Verlag: BoD – Books on Demand, Norderstedt

ISBN: 9783739201252

TITEL:
INTERNETSEITE:
LOGIN / BENUTZER:
PASSWORT /PIN:
NOTIZEN / SICHERHEITSFRAGE / HINWEIS:

TITEL:
INTERNETSEITE:
LOGIN / BENUTZER:
PASSWORT /PIN:
NOTIZEN / SICHERHEITSFRAGE / HINWEIS:

TITEL:
INTERNETSEITE:
LOGIN / BENUTZER:
PASSWORT /PIN:
NOTIZEN / SICHERHEITSFRAGE / HINWEIS:

TITEL:

INTERNETSEITE:

LOGIN / BENUTZER:

PASSWORT /PIN:

NOTIZEN / SICHERHEITSFRAGE / HINWEIS:

TITEL:

INTERNETSEITE:

LOGIN / BENUTZER:

PASSWORT /PIN:

NOTIZEN / SICHERHEITSFRAGE / HINWEIS:

TITEL:

INTERNETSEITE:

LOGIN / BENUTZER:

PASSWORT /PIN:

NOTIZEN / SICHERHEITSFRAGE / HINWEIS:

TITEL:
INTERNETSEITE:
LOGIN / BENUTZER:
PASSWORT /PIN:
NOTIZEN / SICHERHEITSFRAGE / HINWEIS:

TITEL:
INTERNETSEITE:
LOGIN / BENUTZER:
PASSWORT /PIN:
NOTIZEN / SICHERHEITSFRAGE / HINWEIS:

TITEL:
INTERNETSEITE:
LOGIN / BENUTZER:
PASSWORT /PIN:
NOTIZEN / SICHERHEITSFRAGE / HINWEIS:

TITEL:
INTERNETSEITE:
LOGIN / BENUTZER:
PASSWORT /PIN:
NOTIZEN / SICHERHEITSFRAGE / HINWEIS:

TITEL:
INTERNETSEITE:
LOGIN / BENUTZER:
PASSWORT /PIN:
NOTIZEN / SICHERHEITSFRAGE / HINWEIS:

TITEL:
INTERNETSEITE:
LOGIN / BENUTZER:
PASSWORT /PIN:
NOTIZEN / SICHERHEITSFRAGE / HINWEIS:

TITEL:
INTERNETSEITE:
LOGIN / BENUTZER:
PASSWORT /PIN:
NOTIZEN / SICHERHEITSFRAGE / HINWEIS:

TITEL:
INTERNETSEITE:
LOGIN / BENUTZER:
PASSWORT /PIN:
NOTIZEN / SICHERHEITSFRAGE / HINWEIS:

TITEL:
INTERNETSEITE:
LOGIN / BENUTZER:
PASSWORT /PIN:
NOTIZEN / SICHERHEITSFRAGE / HINWEIS:

TITEL:
INTERNETSEITE:
LOGIN / BENUTZER:
PASSWORT /PIN:
NOTIZEN / SICHERHEITSFRAGE / HINWEIS:

TITEL:
INTERNETSEITE:
LOGIN / BENUTZER:
PASSWORT /PIN:
NOTIZEN / SICHERHEITSFRAGE / HINWEIS:

TITEL:
INTERNETSEITE:
LOGIN / BENUTZER:
PASSWORT /PIN:
NOTIZEN / SICHERHEITSFRAGE / HINWEIS:

TITEL:

INTERNETSEITE:

LOGIN / BENUTZER:

PASSWORT /PIN:

NOTIZEN / SICHERHEITSFRAGE / HINWEIS:

TITEL:

INTERNETSEITE:

LOGIN / BENUTZER:

PASSWORT /PIN:

NOTIZEN / SICHERHEITSFRAGE / HINWEIS:

TITEL:

INTERNETSEITE:

LOGIN / BENUTZER:

PASSWORT /PIN:

NOTIZEN / SICHERHEITSFRAGE / HINWEIS:

TITEL:

INTERNETSEITE:

LOGIN / BENUTZER:

PASSWORT /PIN:

NOTIZEN / SICHERHEITSFRAGE / HINWEIS:

TITEL:

INTERNETSEITE:

LOGIN / BENUTZER:

PASSWORT /PIN:

NOTIZEN / SICHERHEITSFRAGE / HINWEIS:

TITEL:

INTERNETSEITE:

LOGIN / BENUTZER:

PASSWORT /PIN:

NOTIZEN / SICHERHEITSFRAGE / HINWEIS:

TITEL:
INTERNETSEITE:
LOGIN / BENUTZER:
PASSWORT /PIN:
NOTIZEN / SICHERHEITSFRAGE / HINWEIS:

TITEL:
INTERNETSEITE:
LOGIN / BENUTZER:
PASSWORT /PIN:
NOTIZEN / SICHERHEITSFRAGE / HINWEIS:

TITEL:
INTERNETSEITE:
LOGIN / BENUTZER:
PASSWORT /PIN:
NOTIZEN / SICHERHEITSFRAGE / HINWEIS:

TITEL:
INTERNETSEITE:
LOGIN / BENUTZER:
PASSWORT /PIN:
NOTIZEN / SICHERHEITSFRAGE / HINWEIS:

TITEL:
INTERNETSEITE:
LOGIN / BENUTZER:
PASSWORT /PIN:
NOTIZEN / SICHERHEITSFRAGE / HINWEIS:

TITEL:
INTERNETSEITE:
LOGIN / BENUTZER:
PASSWORT /PIN:
NOTIZEN / SICHERHEITSFRAGE / HINWEIS:

TITEL:
INTERNETSEITE:
LOGIN / BENUTZER:
PASSWORT /PIN:
NOTIZEN / SICHERHEITSFRAGE / HINWEIS:

TITEL:
INTERNETSEITE:
LOGIN / BENUTZER:
PASSWORT /PIN:
NOTIZEN / SICHERHEITSFRAGE / HINWEIS:

TITEL:
INTERNETSEITE:
LOGIN / BENUTZER:
PASSWORT /PIN:
NOTIZEN / SICHERHEITSFRAGE / HINWEIS:

TITEL:

INTERNETSEITE:

LOGIN / BENUTZER:

PASSWORT / PIN:

NOTIZEN / SICHERHEITSFRAGE / HINWEIS:

TITEL:

INTERNETSEITE:

LOGIN / BENUTZER:

PASSWORT / PIN:

NOTIZEN / SICHERHEITSFRAGE / HINWEIS:

TITEL:

INTERNETSEITE:

LOGIN / BENUTZER:

PASSWORT / PIN:

NOTIZEN / SICHERHEITSFRAGE / HINWEIS:

TITEL:	
INTERNETSEITE:	
LOGIN / BENUTZER:	
PASSWORT /PIN:	
NOTIZEN / SICHERHEITSFRAGE / HINWEIS:	

TITEL:	
INTERNETSEITE:	
LOGIN / BENUTZER:	
PASSWORT /PIN:	
NOTIZEN / SICHERHEITSFRAGE / HINWEIS:	

TITEL:	
INTERNETSEITE:	
LOGIN / BENUTZER:	
PASSWORT /PIN:	
NOTIZEN / SICHERHEITSFRAGE / HINWEIS:	

TITEL:
INTERNETSEITE:
LOGIN / BENUTZER:
PASSWORT /PIN:
NOTIZEN / SICHERHEITSFRAGE / HINWEIS:

TITEL:
INTERNETSEITE:
LOGIN / BENUTZER:
PASSWORT /PIN:
NOTIZEN / SICHERHEITSFRAGE / HINWEIS:

TITEL:
INTERNETSEITE:
LOGIN / BENUTZER:
PASSWORT /PIN:
NOTIZEN / SICHERHEITSFRAGE / HINWEIS:

TITEL:
INTERNETSEITE:
LOGIN / BENUTZER:
PASSWORT /PIN:
NOTIZEN / SICHERHEITSFRAGE / HINWEIS:

TITEL:
INTERNETSEITE:
LOGIN / BENUTZER:
PASSWORT /PIN:
NOTIZEN / SICHERHEITSFRAGE / HINWEIS:

TITEL:
INTERNETSEITE:
LOGIN / BENUTZER:
PASSWORT /PIN:
NOTIZEN / SICHERHEITSFRAGE / HINWEIS:

TITEL:
INTERNETSEITE:
LOGIN / BENUTZER:
PASSWORT /PIN:
NOTIZEN / SICHERHEITSFRAGE / HINWEIS:

TITEL:
INTERNETSEITE:
LOGIN / BENUTZER:
PASSWORT /PIN:
NOTIZEN / SICHERHEITSFRAGE / HINWEIS:

TITEL:
INTERNETSEITE:
LOGIN / BENUTZER:
PASSWORT /PIN:
NOTIZEN / SICHERHEITSFRAGE / HINWEIS:

TITEL:	
INTERNETSEITE:	
LOGIN / BENUTZER:	
PASSWORT / PIN:	
NOTIZEN / SICHERHEITSFRAGE / HINWEIS:	

TITEL:	
INTERNETSEITE:	
LOGIN / BENUTZER:	
PASSWORT / PIN:	
NOTIZEN / SICHERHEITSFRAGE / HINWEIS:	

TITEL:	
INTERNETSEITE:	
LOGIN / BENUTZER:	
PASSWORT / PIN:	
NOTIZEN / SICHERHEITSFRAGE / HINWEIS:	

TITEL:
INTERNETSEITE:
LOGIN / BENUTZER:
PASSWORT /PIN:
NOTIZEN / SICHERHEITSFRAGE / HINWEIS:

TITEL:
INTERNETSEITE:
LOGIN / BENUTZER:
PASSWORT /PIN:
NOTIZEN / SICHERHEITSFRAGE / HINWEIS:

TITEL:
INTERNETSEITE:
LOGIN / BENUTZER:
PASSWORT /PIN:
NOTIZEN / SICHERHEITSFRAGE / HINWEIS:

TITEL:	
INTERNETSEITE:	
LOGIN / BENUTZER:	
PASSWORT /PIN:	
NOTIZEN / SICHERHEITSFRAGE / HINWEIS:	

TITEL:	
INTERNETSEITE:	
LOGIN / BENUTZER:	
PASSWORT /PIN:	
NOTIZEN / SICHERHEITSFRAGE / HINWEIS:	

TITEL:	
INTERNETSEITE:	
LOGIN / BENUTZER:	
PASSWORT /PIN:	
NOTIZEN / SICHERHEITSFRAGE / HINWEIS:	

TITEL:

INTERNETSEITE:

LOGIN / BENUTZER:

PASSWORT /PIN:

NOTIZEN / SICHERHEITSFRAGE / HINWEIS:

TITEL:

INTERNETSEITE:

LOGIN / BENUTZER:

PASSWORT /PIN:

NOTIZEN / SICHERHEITSFRAGE / HINWEIS:

TITEL:

INTERNETSEITE:

LOGIN / BENUTZER:

PASSWORT /PIN:

NOTIZEN / SICHERHEITSFRAGE / HINWEIS:

TITEL:
INTERNETSEITE:
LOGIN / BENUTZER:
PASSWORT /PIN:
NOTIZEN / SICHERHEITSFRAGE / HINWEIS:

TITEL:
INTERNETSEITE:
LOGIN / BENUTZER:
PASSWORT /PIN:
NOTIZEN / SICHERHEITSFRAGE / HINWEIS:

TITEL:
INTERNETSEITE:
LOGIN / BENUTZER:
PASSWORT /PIN:
NOTIZEN / SICHERHEITSFRAGE / HINWEIS:

TITEL:
INTERNETSEITE:
LOGIN / BENUTZER:
PASSWORT /PIN:
NOTIZEN / SICHERHEITSFRAGE / HINWEIS:

TITEL:
INTERNETSEITE:
LOGIN / BENUTZER:
PASSWORT /PIN:
NOTIZEN / SICHERHEITSFRAGE / HINWEIS:

TITEL:
INTERNETSEITE:
LOGIN / BENUTZER:
PASSWORT /PIN:
NOTIZEN / SICHERHEITSFRAGE / HINWEIS:

TITEL:
INTERNETSEITE:
LOGIN / BENUTZER:
PASSWORT /PIN:
NOTIZEN / SICHERHEITSFRAGE / HINWEIS:

TITEL:
INTERNETSEITE:
LOGIN / BENUTZER:
PASSWORT /PIN:
NOTIZEN / SICHERHEITSFRAGE / HINWEIS:

TITEL:
INTERNETSEITE:
LOGIN / BENUTZER:
PASSWORT /PIN:
NOTIZEN / SICHERHEITSFRAGE / HINWEIS:

TITEL:

INTERNETSEITE:

LOGIN / BENUTZER:

PASSWORT /PIN:

NOTIZEN / SICHERHEITSFRAGE / HINWEIS:

TITEL:

INTERNETSEITE:

LOGIN / BENUTZER:

PASSWORT /PIN:

NOTIZEN / SICHERHEITSFRAGE / HINWEIS:

TITEL:

INTERNETSEITE:

LOGIN / BENUTZER:

PASSWORT /PIN:

NOTIZEN / SICHERHEITSFRAGE / HINWEIS:

TITEL:
INTERNETSEITE:
LOGIN / BENUTZER:
PASSWORT /PIN:
NOTIZEN / SICHERHEITSFRAGE / HINWEIS:

TITEL:
INTERNETSEITE:
LOGIN / BENUTZER:
PASSWORT /PIN:
NOTIZEN / SICHERHEITSFRAGE / HINWEIS:

TITEL:
INTERNETSEITE:
LOGIN / BENUTZER:
PASSWORT /PIN:
NOTIZEN / SICHERHEITSFRAGE / HINWEIS:

TITEL:

INTERNETSEITE:

LOGIN / BENUTZER:

PASSWORT /PIN:

NOTIZEN / SICHERHEITSFRAGE / HINWEIS:

TITEL:

INTERNETSEITE:

LOGIN / BENUTZER:

PASSWORT /PIN:

NOTIZEN / SICHERHEITSFRAGE / HINWEIS:

TITEL:

INTERNETSEITE:

LOGIN / BENUTZER:

PASSWORT /PIN:

NOTIZEN / SICHERHEITSFRAGE / HINWEIS:

TITEL:
INTERNETSEITE:
LOGIN / BENUTZER:
PASSWORT /PIN:
NOTIZEN / SICHERHEITSFRAGE / HINWEIS:

TITEL:
INTERNETSEITE:
LOGIN / BENUTZER:
PASSWORT /PIN:
NOTIZEN / SICHERHEITSFRAGE / HINWEIS:

TITEL:
INTERNETSEITE:
LOGIN / BENUTZER:
PASSWORT /PIN:
NOTIZEN / SICHERHEITSFRAGE / HINWEIS:

TITEL:

INTERNETSEITE:

LOGIN / BENUTZER:

PASSWORT /PIN:

NOTIZEN / SICHERHEITSFRAGE / HINWEIS:

TITEL:

INTERNETSEITE:

LOGIN / BENUTZER:

PASSWORT /PIN:

NOTIZEN / SICHERHEITSFRAGE / HINWEIS:

TITEL:

INTERNETSEITE:

LOGIN / BENUTZER:

PASSWORT /PIN:

NOTIZEN / SICHERHEITSFRAGE / HINWEIS:

TITEL:
INTERNETSEITE:
LOGIN / BENUTZER:
PASSWORT /PIN:
NOTIZEN / SICHERHEITSFRAGE / HINWEIS:

TITEL:
INTERNETSEITE:
LOGIN / BENUTZER:
PASSWORT /PIN:
NOTIZEN / SICHERHEITSFRAGE / HINWEIS:

TITEL:
INTERNETSEITE:
LOGIN / BENUTZER:
PASSWORT /PIN:
NOTIZEN / SICHERHEITSFRAGE / HINWEIS:

TITEL:
INTERNETSEITE:
LOGIN / BENUTZER:
PASSWORT /PIN:
NOTIZEN / SICHERHEITSFRAGE / HINWEIS:

TITEL:
INTERNETSEITE:
LOGIN / BENUTZER:
PASSWORT /PIN:
NOTIZEN / SICHERHEITSFRAGE / HINWEIS:

TITEL:
INTERNETSEITE:
LOGIN / BENUTZER:
PASSWORT /PIN:
NOTIZEN / SICHERHEITSFRAGE / HINWEIS:

TITEL:

INTERNETSEITE:

LOGIN / BENUTZER:

PASSWORT / PIN:

NOTIZEN / SICHERHEITSFRAGE / HINWEIS:

TITEL:

INTERNETSEITE:

LOGIN / BENUTZER:

PASSWORT / PIN:

NOTIZEN / SICHERHEITSFRAGE / HINWEIS:

TITEL:

INTERNETSEITE:

LOGIN / BENUTZER:

PASSWORT / PIN:

NOTIZEN / SICHERHEITSFRAGE / HINWEIS:

TITEL:

INTERNETSEITE:

LOGIN / BENUTZER:

PASSWORT /PIN:

NOTIZEN / SICHERHEITSFRAGE / HINWEIS:

TITEL:

INTERNETSEITE:

LOGIN / BENUTZER:

PASSWORT /PIN:

NOTIZEN / SICHERHEITSFRAGE / HINWEIS:

TITEL:

INTERNETSEITE:

LOGIN / BENUTZER:

PASSWORT /PIN:

NOTIZEN / SICHERHEITSFRAGE / HINWEIS:

TITEL:
INTERNETSEITE:
LOGIN / BENUTZER:
PASSWORT /PIN:
NOTIZEN / SICHERHEITSFRAGE / HINWEIS:

TITEL:
INTERNETSEITE:
LOGIN / BENUTZER:
PASSWORT /PIN:
NOTIZEN / SICHERHEITSFRAGE / HINWEIS:

TITEL:
INTERNETSEITE:
LOGIN / BENUTZER:
PASSWORT /PIN:
NOTIZEN / SICHERHEITSFRAGE / HINWEIS:

TITEL:

INTERNETSEITE:

LOGIN / BENUTZER:

PASSWORT /PIN:

NOTIZEN / SICHERHEITSFRAGE / HINWEIS:

TITEL:

INTERNETSEITE:

LOGIN / BENUTZER:

PASSWORT /PIN:

NOTIZEN / SICHERHEITSFRAGE / HINWEIS:

TITEL:

INTERNETSEITE:

LOGIN / BENUTZER:

PASSWORT /PIN:

NOTIZEN / SICHERHEITSFRAGE / HINWEIS:

TITEL:
INTERNETSEITE:
LOGIN / BENUTZER:
PASSWORT /PIN:
NOTIZEN / SICHERHEITSFRAGE / HINWEIS:

TITEL:
INTERNETSEITE:
LOGIN / BENUTZER:
PASSWORT /PIN:
NOTIZEN / SICHERHEITSFRAGE / HINWEIS:

TITEL:
INTERNETSEITE:
LOGIN / BENUTZER:
PASSWORT /PIN:
NOTIZEN / SICHERHEITSFRAGE / HINWEIS:

Titel:
Internetseite:
Login / Benutzer:
Passwort /PIN:
Notizen / Sicherheitsfrage / Hinweis:

Titel:
Internetseite:
Login / Benutzer:
Passwort /PIN:
Notizen / Sicherheitsfrage / Hinweis:

Titel:
Internetseite:
Login / Benutzer:
Passwort /PIN:
Notizen / Sicherheitsfrage / Hinweis:

TITEL:
INTERNETSEITE:
LOGIN / BENUTZER:
PASSWORT /PIN:
NOTIZEN / SICHERHEITSFRAGE / HINWEIS:

TITEL:
INTERNETSEITE:
LOGIN / BENUTZER:
PASSWORT /PIN:
NOTIZEN / SICHERHEITSFRAGE / HINWEIS:

TITEL:
INTERNETSEITE:
LOGIN / BENUTZER:
PASSWORT /PIN:
NOTIZEN / SICHERHEITSFRAGE / HINWEIS:

TITEL:

INTERNETSEITE:

LOGIN / BENUTZER:

PASSWORT /PIN:

NOTIZEN / SICHERHEITSFRAGE / HINWEIS:

TITEL:

INTERNETSEITE:

LOGIN / BENUTZER:

PASSWORT /PIN:

NOTIZEN / SICHERHEITSFRAGE / HINWEIS:

TITEL:

INTERNETSEITE:

LOGIN / BENUTZER:

PASSWORT /PIN:

NOTIZEN / SICHERHEITSFRAGE / HINWEIS:

TITEL:
INTERNETSEITE:
LOGIN / BENUTZER:
PASSWORT /PIN:
NOTIZEN / SICHERHEITSFRAGE / HINWEIS:

TITEL:
INTERNETSEITE:
LOGIN / BENUTZER:
PASSWORT /PIN:
NOTIZEN / SICHERHEITSFRAGE / HINWEIS:

TITEL:
INTERNETSEITE:
LOGIN / BENUTZER:
PASSWORT /PIN:
NOTIZEN / SICHERHEITSFRAGE / HINWEIS:

TITEL:
INTERNETSEITE:
LOGIN / BENUTZER:
PASSWORT /PIN:
NOTIZEN / SICHERHEITSFRAGE / HINWEIS:

TITEL:
INTERNETSEITE:
LOGIN / BENUTZER:
PASSWORT /PIN:
NOTIZEN / SICHERHEITSFRAGE / HINWEIS:

TITEL:
INTERNETSEITE:
LOGIN / BENUTZER:
PASSWORT /PIN:
NOTIZEN / SICHERHEITSFRAGE / HINWEIS:

TITEL:
INTERNETSEITE:
LOGIN / BENUTZER:
PASSWORT /PIN:
NOTIZEN / SICHERHEITSFRAGE / HINWEIS:

TITEL:
INTERNETSEITE:
LOGIN / BENUTZER:
PASSWORT /PIN:
NOTIZEN / SICHERHEITSFRAGE / HINWEIS:

TITEL:
INTERNETSEITE:
LOGIN / BENUTZER:
PASSWORT /PIN:
NOTIZEN / SICHERHEITSFRAGE / HINWEIS:

TITEL:

INTERNETSEITE:

LOGIN / BENUTZER:

PASSWORT /PIN:

NOTIZEN / SICHERHEITSFRAGE / HINWEIS:

TITEL:

INTERNETSEITE:

LOGIN / BENUTZER:

PASSWORT /PIN:

NOTIZEN / SICHERHEITSFRAGE / HINWEIS:

TITEL:

INTERNETSEITE:

LOGIN / BENUTZER:

PASSWORT /PIN:

NOTIZEN / SICHERHEITSFRAGE / HINWEIS:

TITEL:

INTERNETSEITE:

LOGIN / BENUTZER:

PASSWORT / PIN:

NOTIZEN / SICHERHEITSFRAGE / HINWEIS:

TITEL:

INTERNETSEITE:

LOGIN / BENUTZER:

PASSWORT / PIN:

NOTIZEN / SICHERHEITSFRAGE / HINWEIS:

TITEL:

INTERNETSEITE:

LOGIN / BENUTZER:

PASSWORT / PIN:

NOTIZEN / SICHERHEITSFRAGE / HINWEIS:

TITEL:

INTERNETSEITE:

LOGIN / BENUTZER:

PASSWORT /PIN:

NOTIZEN / SICHERHEITSFRAGE / HINWEIS:

TITEL:

INTERNETSEITE:

LOGIN / BENUTZER:

PASSWORT /PIN:

NOTIZEN / SICHERHEITSFRAGE / HINWEIS:

TITEL:

INTERNETSEITE:

LOGIN / BENUTZER:

PASSWORT /PIN:

NOTIZEN / SICHERHEITSFRAGE / HINWEIS:

TITEL:

INTERNETSEITE:

LOGIN / BENUTZER:

PASSWORT /PIN:

NOTIZEN / SICHERHEITSFRAGE / HINWEIS:

TITEL:

INTERNETSEITE:

LOGIN / BENUTZER:

PASSWORT /PIN:

NOTIZEN / SICHERHEITSFRAGE / HINWEIS:

TITEL:

INTERNETSEITE:

LOGIN / BENUTZER:

PASSWORT /PIN:

NOTIZEN / SICHERHEITSFRAGE / HINWEIS:

TITEL:
INTERNETSEITE:
LOGIN / BENUTZER:
PASSWORT /PIN:
NOTIZEN / SICHERHEITSFRAGE / HINWEIS:

TITEL:
INTERNETSEITE:
LOGIN / BENUTZER:
PASSWORT /PIN:
NOTIZEN / SICHERHEITSFRAGE / HINWEIS:

TITEL:
INTERNETSEITE:
LOGIN / BENUTZER:
PASSWORT /PIN:
NOTIZEN / SICHERHEITSFRAGE / HINWEIS:

TITEL:
INTERNETSEITE:
LOGIN / BENUTZER:
PASSWORT /PIN:
NOTIZEN / SICHERHEITSFRAGE / HINWEIS:

TITEL:
INTERNETSEITE:
LOGIN / BENUTZER:
PASSWORT /PIN:
NOTIZEN / SICHERHEITSFRAGE / HINWEIS:

TITEL:
INTERNETSEITE:
LOGIN / BENUTZER:
PASSWORT /PIN:
NOTIZEN / SICHERHEITSFRAGE / HINWEIS:

TITEL:

INTERNETSEITE:

LOGIN / BENUTZER:

PASSWORT /PIN:

NOTIZEN / SICHERHEITSFRAGE / HINWEIS:

TITEL:

INTERNETSEITE:

LOGIN / BENUTZER:

PASSWORT /PIN:

NOTIZEN / SICHERHEITSFRAGE / HINWEIS:

TITEL:

INTERNETSEITE:

LOGIN / BENUTZER:

PASSWORT /PIN:

NOTIZEN / SICHERHEITSFRAGE / HINWEIS:

TITEL:
INTERNETSEITE:
LOGIN / BENUTZER:
PASSWORT /PIN:
NOTIZEN / SICHERHEITSFRAGE / HINWEIS:

TITEL:
INTERNETSEITE:
LOGIN / BENUTZER:
PASSWORT /PIN:
NOTIZEN / SICHERHEITSFRAGE / HINWEIS:

TITEL:
INTERNETSEITE:
LOGIN / BENUTZER:
PASSWORT /PIN:
NOTIZEN / SICHERHEITSFRAGE / HINWEIS:

TITEL:

INTERNETSEITE:

LOGIN / BENUTZER:

PASSWORT /PIN:

NOTIZEN / SICHERHEITSFRAGE / HINWEIS:

TITEL:

INTERNETSEITE:

LOGIN / BENUTZER:

PASSWORT /PIN:

NOTIZEN / SICHERHEITSFRAGE / HINWEIS:

TITEL:

INTERNETSEITE:

LOGIN / BENUTZER:

PASSWORT /PIN:

NOTIZEN / SICHERHEITSFRAGE / HINWEIS:

TITEL:
INTERNETSEITE:
LOGIN / BENUTZER:
PASSWORT /PIN:
NOTIZEN / SICHERHEITSFRAGE / HINWEIS:

TITEL:
INTERNETSEITE:
LOGIN / BENUTZER:
PASSWORT /PIN:
NOTIZEN / SICHERHEITSFRAGE / HINWEIS:

TITEL:
INTERNETSEITE:
LOGIN / BENUTZER:
PASSWORT /PIN:
NOTIZEN / SICHERHEITSFRAGE / HINWEIS:

Titel: Email (Privat):
eMail Srrver Typ:
Server (incoming):
Server (outgoing):
Login / benutzer:
Passwort /PIN:

Titel: Email (Beruf):
eMail Srrver Typ:
Server (incoming):
Server (outgoing):
Login / benutzer:
Passwort /PIN:

Titel: Internet Service Provider (ISP) Support
Name ISP:
Internetadresse ISP:
Kundennummer:
Hotline Kundenservice:
Email Kundenservice:
Internetadresse Kundenservice:

Titel: Email (Privat):
eMail Srrver Typ:
Server (incoming):
Server (outgoing):
Login / benutzer:
Passwort /PIN:

Titel: Email (Beruf):
eMail Srrver Typ:
Server (incoming):
Server (outgoing):
Login / benutzer:
Passwort /PIN:

Titel: Internet Service Provider (ISP) Support
Name ISP:
Internetadresse ISP:
Kundennummer:
Hotline Kundenservice:
Email Kundenservice:
Internetadresse Kundenservice:

Titel: Breitband Modem	Titel: Einstellungen WLAN
Modell:	Host name:
Serien Nr.:	Domain name:
Mac Adresse:	Subnet Mask:
URL/IP Admin:	Gateway:
IP WAN:	DNS (Primary):
Login/Benutzer:	DNS (Secondary):
Passwort:	

Titel: Router / Wireless Access Point
Modell:
Serien nummer:
Fabrikeinstellung Admin IP:
Fabrikeinstellung Benutzername:
Fabrikeinstellung Passwort:
Benutzerdefinierte Admin URL /IP:
Benutzerdefinierter Benutzername:
Benutzerdefiniertes Passwort:

Titel: Wireless-LAN
SSID / Name WLAN netzwerk:
Sicherheitstyp:
Verschlüsselungstyp:
Shared key (WPA):
Hinweis (Passphrase WEP):

TITEL: BREITBAND MODEM	TITEL: EINSTELLUNGEN WLAN
MODELL:	HOST NAME:
SERIEN NR.:	DOMAIN NAME:
MAC ADRESSE:	SUBNET MASK:
URL/IP ADMIN:	GATEWAY:
IP WAN:	DNS (PRIMARY):
LOGIN/BENUTZER:	DNS (SECONDARY):
PASSWORT:	

TITEL: ROUTER / WIRELESS ACCESS POINT
MODELL:
SERIEN NUMMER:
FABRIKEINSTELLUNG ADMIN IP:
FABRIKEINSTELLUNG BENUTZERNAME:
FABRIKEINSTELLUNG PASSWORT:
BENUTZERDEFINIERTE ADMIN URL /IP:
BENUTZERDEFINIERTER BENUTZERNAME:
BENUTZERDEFINIERTES PASSWORT:

TITEL: WIRELESS-LAN
SSID / NAME WLAN NETZWERK:
SICHERHEITSTYP:
VERSCHLÜSSELUNGSTYP:
SHARED KEY (WPA):
HINWEIS (PASSPHRASE WEP):

NOTIZEN:

Notizen:

NOTIZEN:

NOTIZEN: